देवदूत

आचार्य संगीता लवलीन कुमार

BlueRose ONE.com
Stories Matter

First Published in February 2022

ISBN: 978-93-5611-160-8

BLUEROSE PUBLISHERS
www.bluerosepublishers.com
info@bluerosepublishers.com
+91 8882 898 898

Cover Design:
Geetika

Typographic Design:
Namrata Saini

Distributed by: BlueRose, Amazon, Flipkart

Preface

इस किताब को लिखने का मेरा उद्देश्य आप सबको देवदूतों के बारे में बताना है कि देवदूत हमारी दुनिया में होते हैं, जो हर कदम पर हमें मदद करने के लिए तैयार रहते हैं। बस हमें जरूरत है उन्हें जानने की, समझने की, उन्हें पुकारने की।

जिस तरह मैंने उन्हें जानकर, समझकर अपने जीवन में मदद के लिए पुकारा और मदद पाई; उसी तरह इस किताब के माध्यम से आप भी उन्हें (देवदूत) जानें, समझें और अपनी मदद के लिए पुकारें, ताकि वो आपकी मदद करे पाएँ।

इस तरह, जीवन को देखने का आपका नजरिया ही बदल जायेगा, धीरे-धीरे आपके जीवन में बदलाव आने लगेगा। मुझे विश्वास है कि इस किताब के माध्यम से आप देवदूतों को समझ पाएँगे और अपने जीवन के दुःख, उदासी और असफलता के कुचक्र से बाहर निकल पाएँगे।

देवदूत (एंजल्स), जिनको हम परी, देवदूत, फरिश्ता, कुलगुरु देवता, पैगम्बर, नबी, कुलदेवी भी कहते हैं; नाम चाहे जो भी हो, इन सभी का मतलब 'देवदूत' होता है। अंग्रेजी में इन्हें 'Angels' कहते हैं। सभी धर्मों में देवदूत का नाम अलग-अलग भाषा में लिया जाता है। धार्मिक किताबों में भी 'एंजल्स' का जिक्र होता है। इस देवदूत ने, इस फरिश्ते ने यह किताब लिखवाने में मदद की। देवदूत हमारे साथ हमेशा ही थे, पर ज्ञान की कमी से हम उन देवदूतों की मदद नहीं ले पाते, उनका साथ नहीं ले पाते।

देवदूत, परमात्मा की शुद्ध आत्मा है। स्वर्ग से आने वाले देवदूतों का वर्णन या तो 'पंखों वाली परियों' के रूप में मिलता है या 'दिव्य-प्रकाश' के रूप में। देवदूत के आसपास रोशनी होती है, जो कि उनका आभामंडल हो सकता है। उनका कोई शरीर नहीं होता।

देवदूत, समय और परिस्थितियों के बंधनों से परे हैं, वे हमारे जीवन के बारे में सबकुछ जानते हैं पर हमारे जीवन में प्रश्नचिन्ह नहीं लगाते, हस्तक्षेप नहीं करते। वे हमें निःस्वार्थ-भाव से प्रेम करते हैं। हाँ, ये सच है कि 'देवदूत (Angels) परियाँ' होती हैं। जब पहली बार सुना था, तब विश्वास नहीं हुआ लेकिन जब खुद अनुभव किया तब जाना कि सच में 'देवदूत' होते हैं।

देवदूत, भगवान के संदेशवाहक होते हैं, वे भगवान का संदेश हम तक पहुँचाते हैं। उनका अपना कोई शरीर नहीं होता, हम बस उन्हें महसूस कर सकते हैं। देवदूत हमें यह विश्वास दिलाते हैं कि हम (मनुष्य) ईश्वर के प्रिय पुत्र/पुत्री हैं और अपनी सभी प्रकार की आवश्यकताओं को ईश्वरीय-शक्ति के द्वारा प्राप्त कर सकते हैं। देवदूत निःस्वार्थ-भाव से भगवान की पवित्र-शक्ति को हम तक पहुँचाते हैं।

हम सभी के पास एक 'गार्डियन देवदूत' होते हैं जो हर समय हमारे साथ रहते हैं, जो हमारी स्वतंत्र-इच्छा में हस्तक्षेप तब तक नहीं करते, जब तक हम उनसे मदद नहीं माँगते, उन्हें पुकारते नहीं हैं। अपनी इच्छा से देवदूत तभी आते हैं, जब हमें मृत्यु का भय होता है।

देवदूत यह निर्धारित करते हैं कि समय से पहले किसी व्यक्ति की मृत्यु न हो। 'गार्डियन देवदूत' सदैव हमारे साथ रहते हैं, हमारी रक्षा करते हैं, बस हमें ये दिखाई नहीं देते। देवदूत से हम किसी भी तरह की मदद माँग सकते हैं। उनके लिए कोई भी कार्य छोटा या बड़ा नहीं होता, वे हमेशा हमारी पुकार सुनते हैं। पर हमारी पुकार में 'धैर्य, विश्वास, प्रेम, करुणा' होनी चाहिए। यह हमारे ऊपर निर्भर करता है कि हम ईश्वरीय-शक्ति को कितना बढ़ा पाते हैं।

देवदूतों को पुकारने के बाद हमें उनके जवाब का इंतजार करना होता है। देवदूत हमें संदेश भेजते हैं। जीवन के हर मोड़ पर हमारा मार्गदर्शन करते हैं। अगर हमारी इन्द्रियाँ सही देखने, सही समझने के लिए पूर्णतः विकसित न हों, तो हम इन्हें सही तरीके से महसूस नहीं कर पाएँगे।

देवदूतों का संदेश हमेशा प्रेम से भरा हुआ, आगे बढ़ाने वाला और प्रेरक होता है। वे हमें बहुत प्यार करते हैं, हमारे किसी भी कार्य पर प्रश्नवाचक-

चिन्ह नहीं लगाते, अपितु हमारे पवित्र-विचारों को आगे बढ़ाते हैं। ये हमारे द्वारा किये गए किसी भी कार्य से नाराज नहीं होते, बस हमें प्यार करते हैं। देवदूत, हमारे जन्म से लेकर हमारी मृत्यु तक हमारे साथ रहते हैं और मृत्यु के बाद हमारी आत्मा के भी साथ रहते हैं। ये हमें कभी अकेला नहीं छोड़ते। देवदूत हमारी इच्छाओं को भगवान तक पहुँचाते हैं। अगर भगवान की इच्छा हुई तो वह हमारे लिये वही करेंगे, जो हमें खुशी पहुँचाये। खुशी हमारा जन्मसिद्ध अधिकार है।

Contents

देवदूतों के नियम

देवदूतों की दुनिया के अपने कुछ नियम होते हैं। उन नियमों के कारण वो हमारी मदद नहीं कर पाते। उनका यह नियम है कि वो किसी की भी 'Free will' में हस्तक्षेप नहीं करते। जब तक हम उन्हें याद न करें, बुलाये न, तब तक वो किसी की मदद नहीं कर सकते। उन्हें हर कार्य के लिए बुलाना पड़ता है, वो बिना बोले हमारी मदद नहीं कर सकते।

देवदूत हमसे सम्पर्क साधने के लिए आतुर रहते हैं। वे चाहते हैं कि हम उनसे सम्पर्क साधें और उनकी मदद माँगें। कभी-कभार हम यह कहते हैं कि "मैं बाल-बाल बचा", ऐसी परिस्थिति में वो देवदूत ही होते हैं जो हमें बाल-बाल बचाते हैं। किसी भी बड़ी परेशानी से वे हमें निकाल देते हैं। देवदूत हमारे सच्चे-मित्र की तरह होते हैं, जो हमारे लिए कुछ भी करने के लिए तैयार रहते हैं। देवदूतों को हमारी तरफ से बस प्यार और सम्मान चाहिए और वो बस हमारी मदद करते रहेंगे, जीवनभर हमारा मार्गदर्शन करते रहेंगे; हर वक्त, हर जगह हमें guide करते रहेंगे।

भगवान धरती के उद्धार के लिये ज्यादा-से-ज्यादा देवदूतों को इस धरती पर भेजते हैं। जब हम देवदूतों को अपनी दुनिया में आमंत्रण देते हैं, तो हम आध्यात्मिक तौर पर स्वयं को स्वर्ग तथा धरती से दुबारा जोड़ते हैं।

महादूत (Archangels)

कहा जाता है कि हर इंसान के 2 'गार्डियन दूत' और 'सोल दूत' होते हैं। हर इंसान के अपने दूत होते हैं, तो किसी-किसी के लिये ये 2 से ऊपर भी हो सकते हैं।। इनसे ऊपर होते हैं "महादूत (आरक एंजल्स)"। ये और भी ज्यादा शक्तिशाली होते हैं जो भगवान की तरह कार्य करते हैं, भगवान के लिए कार्य करते हैं।

1. महादूत माइकल (Archangel Michael)

‘महादूत माइकल’ का अर्थ होता है - “भगवान के जैसा”।

ये इंसानियत की रक्षा करते हैं और डर को इस दुनिया से दूर भगाते हैं। हमें Protection प्रदान करते हैं, दिशा दिखाते हैं; Motivation, Courage, Energy देते हैं। हमें, हमारा ‘life Purpose’ बताने में भी मदद करते हैं। ये शिव भगवान की तरह माने जाते हैं। इनका रंग ‘Brilliant Blue’ होता है। इनका Stone ‘Lapis Lazuli’ होता है।

2. महादूत गेब्रियल (Archangels Gabriel)

'महादूत गेब्रियल' का अर्थ होता है - "प्रभु ही हमारी शक्ति हैं"।

ये कई बार स्त्री के रूप में भी देखी जाती हैं। ये हमें लेखन में मदद करती हैं। लेखक, शिक्षक, पत्रकार, कवि आदि भी इनकी मदद ले सकते हैं। 'महादूत गेब्रियल' का आह्वाह्न बच्चे के जन्म के लिये भी किया जा सकता है।

रंग - सफेद

Stone - Moon Stone, Clear Quartz, Selenite

3. महादूत एरियल (Archangels Ariel)

'महादूत एरियल' का अर्थ होता है - "रोशनी के भगवान"।

ये जानवरों की महादूत होती हैं, Nature की महादूत होती हैं। ये धन की भी महादूत होती हैं। ये हमारी ऊर्जा को Balance करती हैं, आत्मविश्वास को बढ़ाती हैं।

रंग - Pink

Stone - Pyrite, Rose Quartz

4. महादूत राफेल (Archangels Raphael)

'महादूत राफेल' का अर्थ है - ''आरोग्य के भगवान''।

ये शारीरिक विकास को देखते हैं, हमें रोगों से मुक्त कराने में मदद करते हैं। ये green colour में दिखाई देते हैं।

रंग - green

Stone - Jade, Aventurine

5. महादूत चामुएल (Archangels Chamuel)

'महादूत चामुएल' का अर्थ है - "प्यार के महादूत"।

ये प्रेम के फरिश्ते होते हैं, हमारे जीवन में प्रेम लाने में मदद करते हैं। संसार में हर रिश्ते को मधुर बनाने में ये हमारी मदद करते हैं। कॅरियर, Life Purpose, Finding Lost Items, World Peace, Seeking Soulmates.

रंग - Pink

Stone - Rose Quartz, Rhodochrosite, Pink Rhodonite.

6. महादूत जोफिल (Archangel Jophiel)

'महादूत जोफिल' का अर्थ है - "भगवान की सुन्दरता (Beauty of God)"।

इनकी मदद पाकर हम अपने विचारों तथा वातावरण को खूबसूरत बना सकते हैं। किसी भी काम की खूबसूरती को बढ़ाने में महादूत Jophiel हमारी मदद करती हैं। ये उनलोगों की भी मदद करती हैं, जो Spirituality में lost हो जाते हैं, मायूस हो जाते हैं। Creativity, Students को Exam में भी ये मदद करते हैं, हमारी बुद्धिमता को बढ़ाती हैं।

रंग - Yellow

Stone - Citrine

7. महादूत ज़डकील (Archangel Zadkiel)

'महादूत ज़डकील' का अर्थ है - "भगवान का न्याय"।

ये विद्यार्थियों की help करते हैं। याददाश्त को बढ़ाने के लिए, दूसरों को माफ करने के लिए, खोई हुई वस्तुओं को पाने के लिए, Emotional Healing के लिए इनकी मदद लेते हैं।

रंग - Violet

Stone - Amethyst

8. महादूत उरीएल (Archangel Uriel)

'महादूत उरीएल' का अर्थ है - "भगवान का प्रकाश (God's Light/Light of God)"।

ये महादूत हमारी life में Peace, Clearity, Vision, Problem Solving में मदद करते हैं; New Ideas में मदद करते हैं। हर प्रकार के test में ये Students की मदद करते हैं।

रंग - Purple/Gold/Ruby Red

Stone - Amber/Ruby

9. महादूत चैनल (Archangel Channel)

'महादूत चैनल' का अर्थ है - ''भगवान को देखने वाले''।

इनका आह्वान आप खोई हुई चीजों को ढूँढ़ने में मदद लेने के लिए कर सकते हैं। नये मित्र बनाने में भी आप इनकी मदद ले सकते हैं।

10. महादूत अजराइल (Archangel Azrael)

'महादूत अजराइल' भगवान की मदद करते हैं। ये देवदूत, आत्मा से तब सम्पर्क करते हैं, जब वह शरीर छोड़ चुकी होती है। जो लोग इस दुनिया को छोड़ चुके हैं, उनसे सम्पर्क साधने के लिये इन्हें बुलाया जा सकता है।

11. महादूत हनीएल (Archangel Haniel)

'महादूत हनीएल' का अर्थ है - ''भगवान से अनुग्रह करना''।
हम इन्हें मानसिक शान्ति प्राप्त करने के लिए बुला सकते हैं।

12. महादूत जेरेमेल (Archangel Jeremiel)

'महादूत जेरेमेल' का अर्थ है - "भगवान की इच्छा"।

आप इन्हें अपने अध्यात्मिक-विकास के लिए बुला सकते हैं।

13. महादूत मेटाट्रॉन (Archangel Metatron)

'महादूत मेटाट्रॉन' का अर्थ है - ''उपस्थिति के देवदूत''।

आयु में ये सबसे छोटे माने जाते हैं। कभी इंसान के रूप में इन्होंने धरती पर कार्य किया था। ये धार्मिक स्थलों के भौतिक-आधारों की रक्षा करते हैं। ये बच्चों की भी रक्षा करते हैं।

14. महादूत रागुएल (Archangel Raguel)

'महादूत रागुएल' का अर्थ है - ''भगवान के मित्र''।

ये न्याय करते हैं। अगर हमें कभी भी यह लगता है कि कोई हमें दबाने की कोशिश कर रहा है, तब हम इन्हें बुला सकते हैं।

15. महादूत रज़ीएल (Archangel Raziel)

'महादूत रज़ीएल' का अर्थ है - ''भगवान की पवित्रता''।

ये संसार के रहस्य को समझने में हमारी मदद करते हैं। रहस्यमयी चीजों को समझने के लिए इन्हें बुलाना चाहिए। इन महादूतों के अलावा भी कई महादूत होते हैं जो दिनचर्या में हमारी मदद करते रहते हैं; जैसे -

पार्किंग के महादूत - पार्किंग के महादूत हमें मदद करते हैं कि हमारी गाड़ी सुरक्षित अपनी जगह पर खड़ी रहे। हमारी गाड़ी सुरक्षित रहे, हमें समय पर पार्किंग मिल जाए।

सौंदर्य के देवदूत - हमें अपने कपड़े, आभूषण, बालों को बनाने से पहले इन्हें बुलाना चाहिए, ताकि हम सुंदर लग सकें।

परिवार के महादूत - प्रधान देवदूत 'गेब्रियल' या 'मेटाट्रॉन' द्वारा ये संचालित किये जाते हैं। बच्चे के गर्भ में आने से लेकर बच्चे के जन्म लेने तथा उन्हें बड़ा करने में ये हमारी मदद करते हैं।

Meditation: महादूतों को बुलाने का तरीका

महादूतों को पुकारने का सबसे आसान रास्ता है कि महादूतों को ज्यादा-से-ज्यादा याद करो, उनसे प्रार्थना करो और उन्हें धन्यवाद करो।

तरीका: अपनी आँखें बंद करें और महसूस करें कि आप चारों तरफ से प्यारे-प्यारे, छोटे-छोटे, रंग बिरंगें, सुंदर-सुंदर महादूतों से घिरे हुऐ हैं। महसूस कीजिये कि आप उन्हें Thanks कर रहे हैं और महादूत आपको प्यार कर रहे, आपको heal कर रहे हैं, आपकी help कर रहे हैं, आपको Care कर रहे हैं। फिर पूरी feeling के साथ अपने दिल से बोलिए -

Angels! Angels! Angels!

Thank You! Thank You! Thank You!

Thank You Angels! Thank You Angels!

Thank You Angels! Thank You Angels!

Thank you soo much for everything!

Thank you soo much for everything!

मुझे प्यार करने के लिए Angels आपका धन्यवाद!

मुझे Care करने के लिए Angels आपका धन्यवाद!

मुझे ज्ञान देने के लिए Angels आपका धन्यवाद!

मुझे यहाँ तक लाने के लिए Angels आपका धन्यवाद!

मुझे इतना अच्छा घर देने के लिए आपका धन्यवाद!

मुझे इतना अच्छा काम देने के लिए आपका धन्यवाद!

मुझे heal करने के लिए Angels आपका धन्यवाद!

मुझे रास्ता दिखाने के लिए Angels आपका धन्यवाद!

Thank You Angels! Thank You Angels!

महादूत हमारे साथ कैसे सम्पर्क स्थापित करते हैं

महादूतों को पुकारने के बाद वो हमारी मदद के लिए जरूर आते हैं। हमें बस उनके उत्तर का इंतजार करना होता है। महादूतों की अपनी भाषा होती है। वो हमसे अपनी भाषा में बात करते की कोशिश करते हैं। महादूत हमारी intuition के माध्यम से हमें help करते हैं, हमें रास्ता दिखाते हैं। जो हमारी intuition होती है, वो इस प्रकार की होती है जिसके द्वारा महादूत हमसे बात करते हैं -

1. **सूक्ष्मदर्शी** - जब हमें कभी भी बंद आँखों या खुली आँखों से कुछ दिखना शुरु होता है, उसे सूक्ष्मदर्शी कहते हैं। वो कोई light हो सकती है, कोई कहानी, फोटो या कोई प्राकृतिक दृश्य दिख सकता है। अगर ऐसा हो, तो उसका कोई-न-कोई मतलब होता है। इसलिये, जब ऐसा हो (हमें कुछ दिखे या महसूस हो) तो हमें देवदूतों से पूछना चाहिए कि

इसका मतलब क्या है, ये क्यों दिखाया आपने? ध्यान लगाने के दौरान जब आप देवदूतों से यह पूछेंगे, तो आपको उसका उत्तर मिलना शुरु हो जाएगा।

2. **सूक्ष्म सुनना** - कई बार हम बोलते हैं कि हमारे कान बज रहे हैं, कई बार हमें ऐसा लगता है कि कहीं से कुछ आवाज आ रही है, 'सूक्ष्म सुनना' यही होता है। महादूत, कानों में कोई आवाज (शब्द/वाक्य) सुनाते हैं। वह आवाज कोई गाना हो सकता है, कोई नाम हो सकता है या कुछ और भी, लेकिन यह आपके पूछे सवाल का उत्तर हो सकता है। मगर यहाँ ध्यान यह देना है कि आप जो सुनते हैं, वह बाहर की आवाज नहीं, बल्कि आपके अंदर की आवाज होती है। जब आप बहुत Positive बैठे हों, Balanced बैठे हों, तो वो आवाज आप साफ सुन सकते हैं। Otherwise, यह आवाज आकर चली जाती है और आपको पता भी नहीं चलता। तो 'सूक्ष्म सुनने (intuition की आवाज)' के द्वारा महादूत आपको रास्ता दिखाते हैं।

3. **इन्द्रियाँ (Senses)** - हमारी इन्द्रियों की मदद से महादूत हमें guide करते हैं; जैसे - हमारे शरीर के रोंगटे खड़े होना, किसी के छूने का एहसास होना, ठण्डा या गर्म का एहसास होना, खुजली होना आदि महादूतों के एहसास हो सकते हैं। जब आप ध्यान की अवस्था में हों या किसी की Card Reading कर रहे हों, तो आपको अपने प्रश्नों के उत्तर मिल रहे होते हैं।

4. **ब्रह्माण्डीय ज्ञान (Clear Wisdom) / Sub-Conscious Mind की Power** - जब महादूत से आप मदद माँगते हैं, तो automatically महादूत कुछ ऐसा बता देते हैं जो आपने कभी सुना नहीं, देखा नहीं। उस समय उसके बारे में आप कुछ नहीं जानते, पर जैसे ही आप उस कार्य को करते हैं, आपकी problem, solve हो जाती है।

इन मुख्य 4 प्रकार की intuition के द्वारा हमें महादूतों के उत्तर मिलते हैं, लेकिन यहाँ इसे समझने के लिये हमें Focus की जरूरत होती है। Meditation से यह Focus बढ़ता है। हमारा Crown Chakra clear होता है, तो हम महादूतों को अच्छे से सुन पाते हैं, महसूस कर पाते हैं। जब हम प्रेम से भरे होते हैं, समर्पण में होते हैं तो महादूतों के उत्तर आसानी से मिल जाते हैं।

इसके अलावा भी बहुत से तरीके हैं 'महादूतों की उपस्थिति' जानने के लिए। जैसे -

- महादूतों का Shape दिखाई देना।

- महादूतों के नंबर भी होते हैं जिनके माध्यम से वह हमें उत्तर देते हैं, हमसे सम्पर्क बनाते हैं। कोई भी नंबर जब हमें बार-बार (जोड़े में) दिखे, जैसे - 11, 22, 33, 44, 55, 66, 77, 99, 000 आदि।

  111 - जब आपको यह नंबर बार-बार दिखने लगे, तब अपने विचारों का परीक्षण करें, उसी के बारे में सोचें जो आपको चाहिए।

  222 - जब आपको यह नंबर बार-बार दिखने लगे, तो समझें कि आपके दिमाग में आये नए विचार साकार हो रहे हैं।

  333 - आपके गुरु आपके पास हैं।

  444 - देवदूत आपके पास हैं।

  555 - अपने जीवन में आने वाले बदलाव के लिये अपने आपको तैयार कर लें।

  666 - अपने विचार पर आपका कोई नियंत्रण नहीं रह गया है।

  777 - महादूत आपकी प्रशंसा कर रहे हैं। बधाई हो, आप इस सूची में हैं।

  888 – आपके वर्तमान समय में जो समस्या चल रही थी, वह अब समाप्त होने जा रही है।

  1000/000 - ध्यान रखें, आप भगवान के साथ जुड़ गये हैं!

- पक्षियों के पंख दिखना - आप कहीं जाएँ, वहाँ आपको पंख मिलने लगते हैं। छोटे, बड़े, रंग बिरंगे, किसी भी तरह के पंख महादूतों की उपस्थिति दर्शाते हैं।

- सपनों में आकर भी महादूत आपको मदद करते हैं। आपके सवालों का उत्तर देते हैं।

- अचानक से तितलियों का सामने आना।
- सिक्के मिलना।
- इन्द्रधनुष का दिखना।
- कमरे का तापमान अचानक से बढ़ना या घटना।
- अचानक से Bell का बजना (घंटी का बजना)।
- बार-बार कोई गाना सुनाई देना, कोई message बार-बार सुनाई देना या दिखना। यह सब महादूतों द्वारा भेजे गये message होते हैं।
- हम बादलों में कोई आकृति बना देखते हैं। कई बार बादल, पंख के आकार में नजर आते हैं।
- कई बार कोई फूल अपनी सामान्य अवधि से ज्यादा समय तक खिला हुआ रहता है। यह महादूतों की उपस्थिति के कारण हो सकता है।
- कई बार हमें खुशबू आने लगती है, बिना किसी स्रोत के। यह सब महादूतों की उपस्थिति बताते हैं।
- कई बार फरिश्ते हमारे सामने क्रिस्टल्स के आकार में भी आ जाते हैं।

अपने हृदय से सम्पर्क साधने के लिये अपनी आत्मा को अपना पथप्रदर्शक मानकर बुद्धि का शुद्धिकरण करें।

1. **<u>शुद्धिकरण</u>** - हम जब भी अपनी आत्मा से सम्पर्क साधना चाहते हैं, तो हमें 24 घंटे उपवास करना चाहिये। उपवास करने से हमारे शरीर को आराम मिलता है और हमारा दिमाग एकाग्र हो जाता है। हमें पानी में नमक, फूलों की पंखुड़ियाँ डालकर नहाना चाहिए, हर्बल चाय का सेवन करना चाहिए। साथ ही ध्यान लगाना चाहिए, ध्यान लगाने से हम अपनी आत्मा की आवाज को बेहतर सुन पाएँगे।

2. **<u>महादूतों से सम्पर्क साधना</u>** - हमें अगर किसी भी प्रकार की परेशानी या समस्या होती है, तो हम अपने महादूत या दूत को लिख सकते हैं।

हमें अपना दिल खोलकर अपनी समस्या एक कागज पर लिखनी चाहिए। अपने मन में कोई बात न रखें, अपने विचारों को पूरी तरह से अपने महादूतों के आगे रखें। आपको जो भी परेशानी या भय है, इस लिखित रूप में अपने दूतों को बताएँ। हमारी भावनाओं का हमारी सेहत के साथ सीधा सम्बन्ध है। अगर हम अपने विचार नकारात्मक लिखेंगे, तो हो सकता है कि हमें रोना आये। हमें उस कागज को मोड़कर पूर्णिमा की रात को जला देना चाहिए। इससे हमें आंतरिक शांति मिलेगी।

प्रार्थना

- **<u>प्रातःकाल प्रार्थना</u>** - "परमात्मा की कृपा से आज और हर दिन वह मेरे जीवन को चला रहा है। सारा विश्व मेरे भले के लिए काम कर रहा है। यह मेरे लिए एक महान दिन है। आज के दिन जैसा और कोई दिन नहीं होगा। भगवान, आप सारा दिन मेरा मार्ग प्रशस्त करेंगे। आज मैं हर काम में सफल हो जाऊँगा। मैं हर समय प्रसन्न रहूँगा। धन्यवाद!"

- **सोने जाने से पहले की प्रार्थना** - "प्रिय भगवान तथा महादूत माइकल! कृपा कर मेरे सपने में आयें, सभी प्रकार के अवरोध तथा भय को हमारे जीवन से दूर करें। कृपा कर मेरे सपने में आकर मेरा मार्गदर्शन करें। धन्यवाद!"

सकारात्मकता

जब हम अपना दृष्टिकोण सकारात्मक रखते हैं, तो हम भगवान के साथ सीधे सम्पर्क में आ जाते हैं। तभी अपनी क्षमताओं को पहचानकर हम चीजों को सकारात्मकता के साथ सोचते हैं। भगवान हमसे बहुत खुश हो जाते हैं।

हमेशा याद रखें कि 'जो हो रहा है, अच्छे के लिए हो रहा है'। हर चीज उस भगवान की इच्छा के अनुसार ही हो रही है। भगवान और महादूत हमारे लिए अच्छा ही सोचते हैं। हमें बार-बार प्रचुरता के महादूत का यह प्रतिज्ञान बोलना चाहिए - "मेरी जिन्दगी भगवान का आशीर्वाद है। मेरी जिन्दगी प्रचुरता से भरी हुई है - खुशी की प्रचुरता, प्यार, आशीर्वाद की प्रचुरता। मेरी जिन्दगी, चिंताओं से दूर है। मैं इस प्रचुरता को बढ़ा रहा/रही हूँ ताकि विश्व को एक बेहतर जगह बना सकूँ रहने के लिए।

ध्यान लगाना

जब हम ध्यान लगाते हैं, तो हम सकरात्मक-शक्तियों को प्रचुर-मात्रा में पाते हैं। हम ध्यान लगाते समय जिन विचारों के बारे में सोचते हैं, वे हमारी जिन्दगी पर सीधा प्रभाव डालते हैं। इसलिये, प्रेम से भरे हुए विचारों को ही अपने दिमाग में रखें। ध्यान लगाने की बहुत-सी प्रक्रियायें होती हैं, इनमें से एक यहाँ पर दी जा रही है -

Step 1: गहरी, लम्बी साँसें लें।

Step 2: नाक से साँस लें, मुँह से छोड़ें। (यह प्रक्रिया 7 बार करें)

Step 3: ऐसा सोचें कि बाहर जाती हुई साँसों के साथ.... अंदर आती साँसों के साथ हम सकरात्मक-ऊर्जा (प्रेम से भरी शक्ति) को अंदर ले रहे हैं।

अब अपनी साँसें धीमी कर लें तथा कल्पना करें कि आप जीवन से क्या चाहते हैं। बाहर की आवाजों से अपना ध्यान हटाते हुए सिर्फ अपनी कल्पनाशक्ति पर तथा साँसों पर ध्यान दें। अपने विचारों की कल्पना के दौरान यह प्रार्थना दोहराएँ –

"प्रिय भगवान! मेरे गुरु! God! गार्डियन एंजल्स, मैं आपकी मदद माँगती हूँ कि मैं जिन्दगी के पथ पर बिना रुके, बिना थके आगे बढ़ती जाऊँ। मैंने ऐसा महसूस किया है कि मेरा पथ बहुत शक्तिशाली है। मेरा ध्यान अपने जीवन के लक्ष्य पर एकाग्रचित है, बिना किसी चिंता के।

मुझे भगवान में पूर्ण विश्वास है तथा महादूत मुझे, मेरे जीवन का लक्ष्य प्राप्त कराने के लिए आतुर हैं। जैसा कि हमें पता है कि जो उनकी मदद माँगते हैं, वह उनका साथ देते हैं, तो मेरे मन में भी कोई चिंता नहीं है। कृपा कर हमारी इच्छाओं को पूरा करें।

धन्यवाद, हमारी इच्छाओं को पूरा करने के लिए!"

प्रतिज्ञान (Affirmation)

प्रतिज्ञान वह उक्ति है जिसे हम बार-बार मन में दोहराते हैं... तब तक, जब तक कि हमारा मन उसे स्वीकार न कर ले। कुछ प्रमुख प्रतिज्ञान इस प्रकार हैं-

1) जो कोई मेरे सम्पर्क में आता है, सकरात्मक हो जाता है।

2) मैं हर समय खुश रहती हूँ और जो भी मेरे सम्पर्क में आते हैं, खुशी से भर जाते हैं।

3) मेरे परिवार में सभी खुश रहते हैं।

4) मेरी आर्थिक-स्थिति काफी अच्छी है।

5) मेरा दिल प्रकाश से रोशन है।

6) मेरे सम्बन्ध सबके साथ मधुर हैं।

7) मेरी नौकरी बहुत अच्छी है। अपने बॉस तथा अपने सहकर्मियों के साथ मेरे अच्छे सम्बन्ध हैं।

8) मैं इस नौकरी में रहकर अपनी प्रतिभा का पूरा-पूरा इस्तेमाल कर सकता/सकती हूँ।

9) मुझे पता है कि महादूत (Angels) मेरे साथ हैं।

10) मैं प्यार स्वीकार करती/करता हूँ।

11) मैं प्रेम हूँ।

12) मुझे सबका प्यार मिलता है।

13) मैं शान्त हूँ।

14) मेरे पास हर चीज प्रचुर-मात्रा में है।

15) मैं अपने मन में सिर्फ सकरात्मक विचारों को ही आने देती हूँ।

16) मैं अपनी आत्मा की आवाज सुनती हूँ।

चक्र-ज्ञान (with photo)

हमारे शरीर में 7 महत्वपूर्ण 'चक्र' होते हैं, जो इस प्रकार हैं -

1- **मूलाधार चक्र (Root Chakra):** जहाँ रीठ की हड्डी खत्म होती है (गुदा और लिंग के बीच), वहाँ शरीर का पहला, यानि कि '**मूलाधार चक्र**' है। 99.9% लोग इसी चक्र में अटके हुए हैं। वे इसी चक्र में रहकर मर जाते हैं। जिनके जीवन में भोग, संभोग और निद्रा की प्रधानता है, उनकी ऊर्जा इसी चक्र के आसपास ही अटकी रह जाती है। इस चक्र को जगाने की विधि भी है। इस चक्र पर लगातार ध्यान करने से यह चक्र जागृत हो जाता है। इसका रंग है 'लाल' तथा इसका मंत्र है

'लं'। इसके जागने से आप Confidence, Energy, सिद्धियाँ तथा Positivity प्राप्त कर सकते हैं।

2- **स्वाधिष्ठान चक्र (Sacral Chakra):** नीचे से दूसरा चक्र, जो लिंग मूल के 4 अंगुल ऊपर स्थित है। अगर आपकी ऊर्जा इस चक्र पर एकत्रित है तो आपके जीवन में आमोद-प्रमोद, मनोरंजन, घूमना-फिरना और मौजमस्ती करने की प्रधानता रहेगी। यह सब करते हुए ही आपका जीवन कब बीत जाएगा, आपको पता भी नहीं चलेगा और आप खाली हाथ रह जाएँगे। इस चक्र के जागृत होने पर आलस्य, अविश्वास, नशा, Bad Habits खत्म हो जाती हैं और आप Positive, Healthy हो जाते हैं। इस चक्र को सिद्ध करने के लिए अपने स्वाधिष्ठान-चक्र पर ध्यान लगाएँ। इस चक्र का रंग है 'संतरी/नारंगी'। इसका मंत्र है - 'वं'।

3- **मणिपुर चक्र (Solar Plexus Chakra):** नीचे से तीसरा चक्र, जो नाभि के मूल में स्थित है। जिस व्यक्ति की ऊर्जा यहाँ एकत्रित हो, उसे काम करने की धुन-सी रहती है। ऐसे लोगे कर्मयोगी कहे जाते हैं। ये लोग दुनिया का हर कार्य करने के लिए तैयार रहते हैं। इस चक्र को जागृत करने के लिए इस चक्र पर ध्यान लगाएँ, इस चक्र पर पीला रंग देखें। इसका मंत्र है - 'रं'। इसके जागृत होने पर तृष्णा, चुगली, भय, मोह, लज्जा, घृणा, मोह दूर हो जाते हैं। मूल रूप से यह चक्र, सिद्धियाँ प्राप्त करने के लिए व्यक्ति को 'आत्मशक्ति' प्रदान करता है।

4- **अनाहत चक्र (Heart Chakra):** नीचे से यह चौथा चक्र है, जो हृदय के पास स्थित है। अगर आपकी ऊर्जा 'अनाहत-चक्र' में सक्रिय हो तो आप एक सृजनशील व्यक्ति होंगे। आप चित्रकार, कवि, इंजीनियर आदि हो सकते हैं। हृदय पर संयम करने और ध्यान लगाने से यह चक्र जागृत होने लगता है। खासकर रात्रि को, सोने से पूर्व ध्यान लगाने से यह जागृत हो जाता है। इसका रंग 'हरा' है और मंत्र है 'यं'। इसके सक्रिय होने पर हिंसा, कपट, चिंता, अविवेक, अहंकार समाप्त हो जाते हैं। इस चक्र के जागृत होने से व्यक्ति के भीतर प्रेम तथा संवेदना का जागरण होता है। व्यक्ति के भीतर 'ज्ञान' स्वतः ही जागृत होने

लगता है। व्यक्ति आत्मविश्वासी, सुरक्षित, चारित्रिक रूप से जिम्मेदार बन जाता है। ऐसा व्यक्ति बिना किसी स्वार्थ के मानवता-प्रेमी बन जाता है।

5- विशुद्धि चक्र (Throat Chakra): पाँचवाँ चक्र ‘कण्ठ’ पर स्थित है। कण्ठ में सरस्वती का स्थान है। अगर आपकी ऊर्जा इसके आसपास एकत्रित है, तो आप अतिशक्तिशाली होंगे। कण्ठ में ध्यान लगाने से यह जागृत होने लगता है। इस चक्र का रंग होता है ‘आसमानी’ तथा मंत्र है ‘हं’। इसके जागृत होने पर व्यक्ति को 16 कलाओं का ज्ञान हो जाता है।

6- आज्ञा चक्र (Third Eye Chakra): यह माथे के बीच में होता है। सामान्य तौर पर किसी व्यक्ति की ऊर्जा अगर यहाँ ज्यादा सक्रिय हो, तो ऐसा व्यक्ति भौतिक रूप से सम्पन्न, संवेदनशील और तेज दिमाग का बन जाता है, लेकिन सब कुछ जानने के बाद भी मौन रहता है। इसे ‘बौद्धिक-सिद्धि’ भी कहते हैं। माथे के बीच ध्यान लगाने से यह चक्र जागृत होने लगता है। इसका रंग ‘नीला’ होता है और इसका मंत्र है ‘ॐ’। इसके प्रभाव से व्यक्ति को अपार शक्तियाँ, सिद्धियाँ प्राप्त होती हैं। ‘आज्ञा-चक्र’ के जागृत होने से सभी शक्तियाँ जाग पड़ती हैं और व्यक्ति सिद्ध-पुरुष बन जाता है।

7- सहस्रार चक्र (Crown Chakra): यह मस्तिष्क के मध्य-भाग में होता है, जहाँ चोटी बनाई जाती है। इस चक्र का रंग ‘बैंगनी’ और मंत्र ‘ॐ’ होता है।

महादूतों के द्वारा भी हम अपने इन 7 चक्रों को जागृत कर सकते हैं। ये 7 चक्र, जिन्हें हम ‘पहिया’ भी कह सकते हैं, जब ये सही दिशा में और सही स्पीड में घूमते हैं, तो हमारे शरीर को ‘Positive Energy’ देते हैं तथा हमारे शरीर को Healthy, Balanced, Normal व Relaxed बनाते हैं।

अनुभव

किताब लिखने का विचार मेरे दिमाग में तब आया, जब मैंने अपने जीवन को बदलते हुए देखा। 'Angel Therapy Course' करने के बाद Angels को मैंने अपने जीवन में पूरी तरह उतार लिया। मेरे दिन की शुरुआत 'देवदूत-प्रार्थना' से होने लगी और दिन का अंत भी 'देवदूत-प्रार्थना' से ही। हर छोटे-से-छोटा और बड़े-से-बड़ा काम मैंने एंजल्स की मदद से करना शुरू किया। फिर धीरे-धीरे मैंने notice किया कि वो मुझे guide करने लगे हैं। जो भी काम Angels का नाम लेकर किया, वो पूरा होने लगा। मैं ज्यादा-से-ज्यादा Angels Meditations और Prayers करने लगी।

मैं एक 'Reiki Healer' हूँ। Reiki में हमें अपना Aura देखना सिखाया जाता है। एक दिन मैं अपना Aura अपने Bathroom में लगे बड़े से शीशे में देख रही थी। Aura देखने के लिए अपने ध्यान को एक जगह केन्द्रित करना होता है। अब जो आप पढ़ेंगे, वो मेरा पहला अनुभव था, जब मैंने Angels को देखा।

जब मैं अपना Aura देखने में busy थी, शीशे के अंदर मेरे Aura में मुझे वो 7 रंग दिख रहे थे जो इंद्रधनुष में होते हैं। मैं उन्हें देखने में खोई हुई थी, खुश थी, कि तभी मेरा ध्यान अचानक से अपने पीछे की तरफ गया, जहाँ पर एक बहुत बड़ी आकृति बनी हुई थी। मेरे पीछे एक बहुत बड़ी, सफेद रंग की परी की आकृति (Angel देवदूत) बनी थी, जो बिल्कुल मेरे पीछे, सिर की तरफ खड़ी थी। उनके दो बड़े-बड़े, सफेद पंख थे। सफेद रोशनी से भरी हुई वो आकृति एक vision देकर वापस चली गई और जब तक मैं उसे अच्छे से समझ पाती, वो आकृति गायब हो गई। मुझे पहले लगा कि वो मेरा वहम था, पर नहीं... उसका सबूत भी उस परी ने मेरे लिए छोड़ा हुआ था। मैं अपने Bathroom से बाहर निकल आई - हैरान, खुश, Angels का Thank you करते हुए।

कुछ समय के बाद मैं Bathroom में वापस गई और मैंने जो देखा, उसने मेरे विश्वास को और बढ़ा दिया कि वो सच में Angel ही थे। उस पूरे शीशे पर अपने आप ही प्यारे-प्यारे, सुंदर-संदर फूल बने हुऐ थे। वो शीशा, जो पूरी दीवार पर लगा था, पूरा का पूरा फूलों की आकृति से भरा हुआ था जो किसी भी चीज से साफ नहीं हो रहे थे।

यह दृश्य मैंने अपने बेटे 'ध्रुव' को दिखाया। उस समय घर में और भी लोग थे, जिनको मैंने यह दृश्य दिखाया और सभी हैरान थे कि ये फूल किस चीज से, और कैसे बने। उस दिन से मेरा विश्वास और बढ़ गया कि मैं सही रास्ते पर चल रही हूँ, मेरे घर में देवदूत निवास करते हैं।

अनुभव - II

मेरे अनुभवों की list लम्बी है, पर कुछ बड़े अनुभव मैं आपके साथ share करना चाहती हूँ।

एक दिन मैं अपनी Sister 'शीतल' के घर गई। मैं और मेरे husband 'Loveleen'गेट पर पहुँचे, अपनी कार पार्क की। मैं left side से कार से उतरी। मेरे दोनों हाथों में सामान था और मैंने अपना Sling Bag अपने Shoulder से पहना हुआ था। मैं अपनी कार से बाहर निकली। अब जो मेरे साथ हुआ, उसे कहते हैं - "बाल-बाल बचना"। जब भी हम यह बोलते हैं कि मैं बाल-बाल बची, वो कोई अपने आप नहीं होता, हमारे देवदूत हमें protect करते हैं। इसलिये, मैं जब भी घर से बाहर निकलती हूँ या मेरी family में कोई भी घर से बाहर निकलता है, तब मैं 'महादूत माइकल' की protection में रखकर बाहर निकलती हूँ। इस दिन देवदूतों ने साबित किया कि वो protect करते हैं।

उस दिन जैसे ही मैं अपनी कार से बाहर निकली, दो कदम आगे चलते ही मेरे साथ कुछ हुआ। मुझे नहीं पता चला कि क्या हुआ। बस मुझे यह पता चला कि मैं जोर से चिल्लाई और उस road पर जितने भी लोग थे, मुझे देख रहे थे। मेरी चीख इतनी जोरदार थी कि लोग घरों से बाहर आ गये थे। फिर अचानक मैंने महसूस किया कि मेरे साथ अभी क्या हुआ था। एक आदमी बाइक पर (जो चेन खींचते हैं) अपनी full speed से आया और उसने मेरा Sling Bag अपनी पूरी ताकत के साथ खींचा। यह तो सब जानते हैं कि जब कोई bike पर बैठकर चेन खींचता है, तो उसमें कितनी power लगती है। उस bike वाले ने मेरे bag को इतनी जोर से खींचा कि वो टूट गया, लेकिन उसके हाथ में नहीं आया। वो मुझे हिला भी नहीं पाया (जैसे मुझे Angels ने पकड़ रखा था)। Bike वाला पूरा हिल गया, उसका खुद का balance खराब हो गया, पर वो मुझे नहीं हिला सका। इसको बोलते है 'Angelic Proctection'।

Thank You Angels! Thank You So Much!

मेरे पास ऐसे बहुत से अनुभव हैं। शायद 100 से भी ज्यादा। बस एक साल के अंदर जब मैंने देवदूतों को इतना महसूस किया है, तो मैं सहज ही अनुमान लगाती हूँ कि आने वाले सालों में मेरे अनुभव कितने बढ़ने वाले हैं... शायद इतने कि मैं एक पूरी किताब अपने अनुभवों पर लिख सकूँ।

मेरे घर में Baby Angels खेलते हैं, जोर-जोर से हँसते हैं। उनकी आवाजें मैंने सुनी हैं, महसूस किया है। देवदूत मुझसे बातें करते हैं, अपने होने का अहसास दिलाते हैं, कभी Number के द्वारा तो कभी feathers के द्वारा। देवदूतों को Crystals और Candles बहुत पसंद होते हैं। जीवन में आपकों कोई भी परेशानी हो, बस देवदूतों को बोलो, वो पूरे ब्रह्माण्ड को लगा देते हैं उस काम को पूरा कराने के लिए।

हम भारतीय हैं, तो पूजा करना, दीया जलाना, हम सबको बचपन से ही आता है। हम यही देखकर बड़े हुए हैं लेकिन wish को सही ढंग से माँगना नहीं सिखाया जाता, सही तरीके से affirm करना नहीं सिखाया जाता। भगवान ने इसलिए देवदूतों को धरती पर भेजा हुआ है ताकि हम उनको अपनी परेशानियाँ, wishes बोलें और सही तरीके से बोलें ताकि देवदूत, भगवान तक वह message पहुँचाएँ और हमारी wishes समय पर पूरी हो सकें।

* 9 7 8 9 3 5 6 1 1 1 6 0 8 *